nickelodeon

Bob Esponja

# ESTRELLA DEL HOCKEY

Texto de David Lewman

Ilustraciones de Harry Moore

everest

Basado en la serie de televisión *Bob Esponja*®,
creada por Stephen Hillenburg, vista en Nickelodeon®.

Título original: *SpongeBob's Slap Shot!*



EDITORIAL EVEREST, S. A.
División de Licencias y Libros Singulares
Calle Manuel Tovar, 8
28034 Madrid (España)

ISBN: 978-84-441-0415-7
Depósito legal: LE. 1140-2012
*Printed in Spain* - Impreso en España
Editorial Evergráficas, S. L.

–Dispara y...¡gol! –gritó Bob Esponja lanzando una servilleta sucia con la escoba y colándola en el cubo de la basura–. ¡Y el público enloquece!

Apuntó y volvió a encestar otra servilleta.

–¡Nunca fallo, Calamardo! –dijo Bob Esponja–. ¡Ni con un chorrito de *ketchup*! ¡Ni con una miga de pan! ¡Ni con una «minimiguita» de pan!

–Bob Esponja, por favor –protestó Calamardo–. A nadie le interesa.

Justo entonces, un cazatalentos se aproximó a Bob Esponja.

—Millones de aficionados al hockey disfrutarían viéndote hacer eso —dijo el cazatalentos.

—¿De verdad? —preguntó Bob Esponja sorprendido—. Pero en el Krustáceo Krujiente no hay mesas suficientes para todos ellos. Iría contra las normas de seguridad.

—¡Aquí no! —contestó el cazatalentos riendo—. ¡En el estadio de Fondo de Bikini! ¿Te gustaría jugar en un equipo de *hockey* profesional?

—¿Yo? —preguntó Bob Esponja incrédulo—. ¿Jugador de *hockey* profesional?

—¡Claro, chico! —dijo el cazatalentos—. Lo llevas en la sangre. He visto a muchos jugadores darle al bastón, ¡pero tú eres el mejor! Solo tienes que firmar este contrato.

—¡No puedo creerlo! —gritó Bob Esponja.

—Ni yo —refunfuñó Calamardo.

Bob Esponja acababa de firmar el contrato cuando el señor Cangrejo salió de su oficina.

—¡Bob Esponja! —chilló el señor Cangrejo—. ¡Deberías estar haciéndome ganar dinero!

—Acabo de firmar con un equipo de *hockey* profesional, señor Cangrejo —dijo Bob Esponja con una sonrisa de oreja a oreja.

—¿Quée? —dijo el señor Cangrejo, que se había puesto más colorado que de costumbre—. Pero si tú ya tienes trabajo... ¡eres mi cocinero!

—¿Y usted quién es? —preguntó el cazatalentos.

—Soy el dueño y gerente de este restaurante tan fino —dijo orgulloso el señor Cangrejo.

—¿El gerente, eh? —dijo el cazatalentos—. Pues usted también tiene derecho a una parte del trato —añadió, dándole al señor Cangrejo un buen fajo de billetes.

El señor Cangrejo se quedó paralizado contemplando el dinero.

—¡Pero no te quedes ahí, muchacho! —dijo al fin el señor Cangrejo—. ¡Vete a jugar al *hockey*!

Bob Esponja fue corriendo a casa de Patricio.

—¡Eh, Patricio! —gritó—. ¿Sabes qué? ¡Voy a ser jugador de *hockey* profesional!

—¡Qué bien, Bob Esponja! —dijo Patricio tan emocionado que hasta se levantó de la cama.

—Solo que nunca he jugado al *hockey* —confesó Bob Esponja.

—No te preocupes —contestó Patricio con mucha seguridad—. Yo te enseñaré todo lo necesario.

—¡Gracias, Patricio! No sabía que jugaras al *hockey* —contestó Bob Esponja.

—Hay muchas cosas que no sabes sobre mí, Bob Esponja —dijo Patricio misterioso.

—¿Cómo qué? —preguntó Bob Esponja.

—Pues como que... eh...¡que sé jugar al *hockey*! —respondió Patricio.

Patricio enseñó a Bob Esponja a sujetar el bastón, a dar un pase y a disparar. Practicaron durante horas. En muy poco tiempo, Bob Esponja podía meter gol desde cualquier rincón del jardín de Calamardo.

—Lo haces muy bien, Bob Esponja —animó Patricio a su amigo.

—Eso es porque tengo un buen maestro —contestó Bob Esponja sonriendo—. ¿Cuándo vamos a practicar sobre el hielo?

—¿Para qué? —preguntó Patricio confundido.

Antes de que Bob Esponja pudiera responder, Calamardo asomó la cabeza enfadado.

—¡Bob Esponja! ¡Patricio! ¡Dejad de jugar al *hockey* en mi jardín! —regañó.

—¿Por qué chilla tanto Calamardo? —preguntó Patricio.

—Querrá que me acostumbre a los gritos de mis fans —contestó Bob Esponja—. ¡Gracias, amigo! —dijo girándose hacia Calamardo y saludándolo con la mano.

Al día siguiente, Bob Esponja fue al estadio para conocer al entrenador.

–¿Así que tú eres el nuevo, eh? –dijo el entrenador mirando a Bob Esponja de arriba abajo–. Dicen que eres bueno con el bastón. ¿Estás preparado para jugar?

–¡Estoy listo! –dijo Bob Esponja después de respirar profundamente.

–¡Así me gusta! Vamos, ¡ponte el uniforme! –dijo el entrenador dándole una palmada en la espalda.

—¿Qué quiere decir «CC»? ¿«Chúper» Chicos? —preguntó Bob Esponja admirando su nuevo uniforme.

—Es el nombre del patrocinador, el Cubo de Cebo —aclaró el entrenador.

—¿El Cubo de Cebo? ¿Juego al *hockey* en el equipo de Plancton? —dijo Bob Esponja sin poder creerlo.

—¿Hay algún problema? —dijo riendo Plancton que apareció de repente.

—¡Claro que hay un problema! —dijo Bob Esponja—. ¡No puedo jugar en tu equipo! ¡Soy empleado del Krustáceo Krujiente! ¡Y tú eres el enemigo! ¡Eres malvado!

Plancton soltó una carcajada.

—Pues ya te puedes ir vistiendo, Pantalones Cuadrados —dijo Plancton sacando el contrato que Bob Esponja había firmado—. ¡Estás obligado por contrato!

Bob Esponja suspiró. Plancton tenía razón. Si se negaba a jugar, incumpliría su promesa. Y eso no lo podía hacer.

Bob Esponja no tenía alternativa. Después de todo, tampoco es que fuera a freír búrguer cangrebúrguers, sino a jugar al *hockey*.

—Muy bien, Plancton —dijo finalmente—. Cumpliré mi promesa. Jugaré mejor que nunca... ¡pero tú sigues siendo malo!

—Ay, Bob Esponja, no conseguirás nada echándome piropos —respondió Plancton con una sonrisa malvada—. ¡A trabajar!

Bob Esponja salió a calentar antes de que empezara el partido. Al principio todo le pareció un poco raro. Aquello era muy distinto a lanzar servilletas a las papeleras del Krustáceo Krujiente o a practicar en el patio de Calamardo. Pero pronto se acostumbró.

Miró a las gradas y saludó a Patricio. Luego vio una cara conocida entre los miembros del equipo contrario: ¡era Arenita!

«¿Cómo voy a jugar contra una de mis mejores amigas?», pensó Bob Esponja mientras trataba de esconderse. Pero Arenita ya lo había visto.

—¡Hola, Bob Esponja! —dijo Arenita animada—. ¿Qué haces aquí?

—Hola, Arenita —contestó Bob Esponja nervioso—. Juego con el equipo contrario. ¡Lo siento!

—¡No tienes de qué preocuparte, Bob Esponja! —dijo Arenita sonriendo.

—¿Ah, no? —dijo Bob Esponja sorprendido.

—¡Claro que no! —exclamó Arenita—. No hay nada mejor que un poco de competición sana. ¡Como cuando practicamos kárate!

—Supongo que tienes razón —dijo Bob Esponja sintiéndose mejor.

—El partido va a comenzar —anunció Arenita dándole una palmada en la espalda—. Cuando el disco golpee el hielo, saca lo mejor de ti mismo. ¡Sal ahí y diviértete!

—¡Entendido! —dijo Bob Esponja—. ¡Va a ser el mejor partido de *hockey* de la historia, Arenita!

¡Y sí que fue un gran partido! Ambos equipos se deslizaron por el hielo marcando goles sin cesar. Bob Esponja metió dos goles y Arenita también. Cada vez que el equipo del Cubo de Cebo anotaba un tanto, el de Arenita ¡marcaba otro!

–¡Vamos «Cubo de Cebo»! ¡Ganad! ¡Conquistad! ¡Destruid! –gritaba Plancton desde los laterales.

Bob Esponja miró el marcador. Había un empate y solo quedaban unos segundos. ¿Podría meter otro gol antes del pitido final?

El disco estaba en posesión del equipo contrario, pero uno de los jugadores del Cubo de Cebo consiguió robarlo. Bob Esponja lo siguió de cerca tan rápido como pudo.

—¡Toma, Bob Esponja! —dijo su compañero pasándole el disco. Sin dudar un segundo, Bob Esponja empezó a patinar hacia la portería del contrincante.

Arenita lo alcanzó y trató de robarle el disco, pero Bob Esponja regateó, giró y disparó...¡directo a la red!

¡Goool! El árbitro pitó el final del encuentro. El equipo del Cubo de Cebo había ganado ¡gracias a Bob Esponja!

—¡He ganado! ¡He ganado! —canturreó Plancton.

El equipo levantó a su jugador estrella en volandas. Desde lo alto, Bob Esponja vio a Plancton celebrar la victoria.

—¡Hasta Plancton merece ganar de vez en cuando! —dijo Bob Esponja sonriendo.